Rudolf Herfurtner

Weihnachtsoratorium

Das Chorwerk Teil I–III
von Johann Sebastian Bach

Mit Illustrationen von Maren Briswalter

annette betz

Wenn es Winter wird und die dunklen Nächte immer länger dauern, dann feiern die Menschen gern ein Lichterfest. Sie zünden Kerzen an, singen und machen Musik und hoffen, dass sie bald wieder erlöst werden von Eiseskälte und Dunkelheit. So ein Lichterfest ist auch Weihnachten – *mitten im kalten Winter.* Seit über zweitausend Jahren erzählt man sich, dass Gottes Sohn als Mensch geboren wurde. Die Herrlichkeit des Himmels kommt herab in einen Stall in Bethlehem, und ein leuchtender Stern erscheint als Hoffnung für die Welt – *wohl zu der halben Nacht.* Wir freuen uns und stellen Christbäume auf und feiern unser Lichterfest. Besonders schön soll das dreitägige Weihnachtsfest 1734 in der reichen Handelsstadt Leipzig gewesen sein. Damals war auch der 27. Dezember noch ein Feiertag. Für jeden der Feiertagsgottesdienste hatte der Leiter der Kirchenmusik, der Thomaskantor Johann Sebastian Bach, eine halbstündige, prächtige Kantate geschrieben. Und für die Zeit um Neujahr und das Dreikönigsfest noch einmal drei. Das Ganze nannte er ein *Oratorium, welches die heilige Weihnacht über in den beiden Hauptkirchen zu Leipzig musiziert wurde.* Es war so großartige Musik, dass sie auch heute noch überall gesungen und gespielt wird. Ja, es gibt sogar Leute, die sagen: »Weihnachten ist erst, wenn ich die fünf Paukenschläge und das *Jauchzet! Frohlocket!* in Bachs Weihnachtsoratorium höre.«

Der kleine Thomas Trost hört das *Jauchzet!* zum ersten Mal in der Adventszeit 1734. Er weiß, dass man sich in den Wochen vor Weihnachten auf die Geburt des Jesuskindes freuen soll. Aber er ist arm, und auch an Festtagen hat er nicht viel zu essen. Oft muss er – mit fünf Geschwistern zusammen – hungrig auf dem alten Strohsack einschlafen.

Seine einzige Freude ist die Musik. Sonntags hört er die Kantaten im Gottesdienst. Der Kantor Bach schreibt ja jede Woche eine neue. Seine Schüler aus der Thomasschule singen auch auf dem Friedhof oder im Kaffeehaus Zimmermann. Außerdem zieht der Chor zwei-, dreimal die Woche singend durch die Stadt, um zu betteln. Die Schule der Thomaner ist ja eine Armenschule. Oft läuft der kleine Thomas Trost dann hinter den Sängern her und träumt davon, auf diese Schule zu gehen.

Das wäre das echte Weihnachtsglück! Besonders wenn er sieht, wie die Schüler beim Bäcker ein paar süße Wecken geschenkt bekommen. Thomas steht auch gern hinter der Thomasschule und schaut zum zweiten Stock hinauf, wo die Thomaner proben.

Jetzt singen sie gerade: »*Er ist auf Erden kommen arm, dass er unser sich erbarm. Uns in den Himmeln mache reich und seinen lieben Engeln gleich.*«

Und er hat Glück. Der Solotenor Christian Schmahl schaut zufällig zum Fenster heraus und entdeckt den halb erfrorenen Lauscher. Christian hat Mitleid: »Wenn du unsere Musik so gerne hörst«, sagt Christian, »dann hab ich vielleicht eine Aufgabe für dich.«

Für den kleinen Thomas ist es, als wäre ihm ein Engel erschienen; denn er darf am 25. Dezember 1734 als Kerzenjunge auf der Empore von Sankt Nicolai stehen, als dort zum ersten Mal das Weihnachtsoratorium von Johann Sebastian Bach erklingt.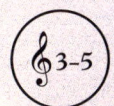

Seine Geschwister wollen es ihm erst gar nicht glauben: »Das hast du dir doch wieder ausgedacht, du Träumer!«, spotten sie. Aber als die Familie um halb sieben Uhr morgens in die Nicolaikirche kommt, wartet Christian schon und nimmt Thomas mit auf die Empore. Und dann steht er da, hinten links neben den Tenören. Den ganzen Advent hindurch hat er gewartet auf diesen Augenblick, wo sich für ihn ein Himmel auftun sollte.
Nun gibt Meister Bach das Zeichen. Jetzt die Pauke! Wacht alle auf! Die Trompeten! Hört zu! Der Chor: *»Jauchzet! Frohlocket! Rühmet, was heute der Höchste getan!«*

Am Nachmittag sitzt der Kerzenjunge schon gleich nach dem Mittagsbrei als Erster in der Thomaskirche. Das ist die zweite Hauptkirche der Stadt, und dort wird zur Vesper um eins die ganze Kantate noch einmal aufgeführt. Noch einmal Musik überall, oben, unten, in den Pfeilern und Bögen, im Gestühl und in den Menschen. Noch einmal das Gefühl, als wäre er selbst eine schwingende Saite oder ein klingendes Stück Holz.

Jetzt am Nachmittag brauchen sie keinen Kerzenjungen. Es ist hell genug. Jetzt wird er ganz genau aufpassen, dass ihm auch nicht ein Ton verloren geht. Da: der Trompeten-Jubelchor. Danach der Tenor Christian. Er erzählt von Josef und Maria, die aus Galiläa nach Bethlehem ziehen müssen und keine Herberge finden. Und obwohl Maria doch ein Kind erwartet, müssen sie in einem einfachen Stall übernachten. Damals wusste ja keiner, wer da zwischen Ochs und Esel auf die Welt kommen sollte, und deshalb ermahnt jetzt der Altist: »Passt auf, macht Euch bereit, wie eine Braut auf ihren Bräutigam wartet. *Bereite dich, Zion, mit zärtlichen Trieben, den Schönsten, den Liebsten bald bei dir zu seh'n.*«

Zion, das weiß Thomas, damit sind die Christen gemeint, und der Schönste und Liebste, das ist natürlich Jesus, der gleich geboren werden soll. Da meldet sich der Chor wieder, unsicher fragt er: »Wie soll ich dich empfangen?« Wenn der Chor singt, das weiß Thomas von den vielen Sonntagskantaten, die er gehört hat, dann ist das oft, als wenn die ganze Gemeinde spricht. Jetzt wissen sie nicht genau, wie sie einen Gottessohn empfangen sollen. Die Pauken und Trompeten haben sich ja angehört, als ob da ein prächtiger König käme. Aber ein König ist nicht immer nur freundlich, sondern auch mächtig und streng.

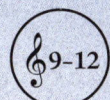

Christian, der Erzähler, beruhigt die
Gemeinde. Nichts Gefährliches wird da
geboren. Nur ein kleines Kind.
Man muss keine Angst haben. Schaut,
er ist wie jedes Neugeborene in eine Windel
gewickelt und liegt in einer Futterkrippe.
Thomas weiß, wie das ist, auf Stroh schlafen
und keinen Ofen haben, der einen wärmt.
Auch jetzt friert er ein bisschen, weil die
Thomaskirche natürlich nicht geheizt ist.
Aber innen drin ist ihm warm, die Musik
ersetzt ihm den Ofen.

Und die Kälte ist gleich ganz vergessen, weil jetzt wieder die Trompete einsetzt, in drei Schritten von oben herab, als steige jemand vom Himmel auf die Erde. »Ein *großer Herr und starker König*«, singt der Bass. Aber er erklärt auch gleich, dass dieser König nicht protzig daherkommt, sondern in einer harten Krippe schlafen wird.

Den Text des Schlusschorals weiß Thomas noch vom Vormittag. Er kennt auch die Melodie: Es ist das Weihnachtslied *Vom Himmel hoch.* Ganz leise singt er mit, als wär der Kerzenjunge selbst ein Thomaner: »*Ach mein herzliebes Jesulein! Mach dir ein rein sanft Bettelein, zu ruhn in meines Herzens Schrein, dass ich nimmer vergesse dein.*«

In der Nacht auf den zweiten Weihnachtsfeiertag hat Thomas einen bösen Traum:
Er steht vor der Tür der Kirche. Er hört von drinnen die wunderbare Musik. Aber die Tür
ist verschlossen. Er darf nicht hinein. Er wacht auf und friert. Die Geschwister haben ihm die
Zudecke weggezogen. Ein Floh ärgert ihn. Thomas weiß nicht, wie spät es ist, aber er will
sowieso am liebsten wach bleiben, um nur ja nicht zu verschlafen. Denn um halb sieben muss
er wieder in der Kirche sein und das Licht halten, damit das Wunder weitergeht. Der böse
Traum soll nicht wahr werden!

Diesmal fangen sie in Sankt Thomas an. Und zwar ganz anders als gestern. Keine Pauken
und Trompeten, und auch der Chor hat erst mal Pause. Die Sänger lehnen müde an der
Brüstung, als der Kantor den Einsatz für die *Sinfonia*, das Vorspiel, gibt. Thomas weiß, dass
jetzt die Hirten kommen. Und die Engel. Als die Musik anfängt, hört er es auch:
Da sind auf der einen Seite die Geigen und die Flöten. Die spielen ganz leicht und schwebend,
als hörte man von irgendwo da oben schon die Musik der Engel. Und dagegen dann die
einfachen, schwerfälligeren Oboen. Thomas stellt sich vor, das sind die Hirten bei ihren
Herden. Sie ahnen nicht, was gleich passieren wird. So musizieren der Himmel und die Erde
nebeneinander her, bis sie sich am Ende immer mehr vereinen.

Klar, dass die Hirten erschrecken,
wenn plötzlich – mitten in der Nacht –
eine leuchtende Gestalt vor ihnen
auftaucht. Mit einem wilden Tier hätten
sie vielleicht gerechnet, aber ein Engel?!

Da braucht es den Chor, um sie zu beruhigen: »*Du Hirtenvolk, erschrecke nicht!*«
Aber dafür muss Meister Bach seine Knaben erst mal in Schwung bringen.
Anscheinend haben auch sie zu wenig geschlafen, und die sanfte *Sinfonia* am
Anfang hat sie auch nicht gerade aufgeweckt:

19-20

Meister Bach schaut nun einen verschlafenen
Jungen aus dem Sopran böse an. Und Thomas
denkt: »Ich würde beim Singen nie müde werden.«
Der Junge erschrickt und tritt schnell nach vorne.
»Wie kann er denn seinen Einsatz vergessen?« Thomas stellt sich
vor: »Wenn ich den Engel singen dürfte, dann müsste mich Meister Bach nicht am
Ohr ziehen oder böse anschauen. Dann würde ich einfach aufstehen und Luft holen
und lossingen: ›Siehe, ich verkündige Euch große Freude, die allem Volke widerfahren
wird. Denn Euch ist heute der Heiland geboren, welcher ist Christus, der Herr, in der
Stadt David.‹ – So würde ich das machen!«, denkt Thomas, und später dann Tenor
werden wie Christian, der jetzt seine große Arie hat. »Frohe Hirten, eilt, ach eilet!«,
singt er, und seine Töne gehen so leicht und eilend, dass es eine Freude ist.

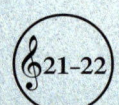 21–22

Aber dann merkt Thomas doch, dass er
nicht genug geschlafen hat. Sein Arm tut
ihm weh und sein Kopf wird ihm schwer.
Der Bass erklärt den Hirten gerade, sie sollten
dem Jesuskind später im Stall ein Wiegenlied singen.
Und der Alt singt es ihnen zusammen mit der Flöte schon einmal vor: »*Schlafe, mein
Liebster, genieße der Ruh!*« Thomas denkt: »Das ist so schön, als hätte Maria selbst
den Hirten vorgesungen.« Dann nickt er ein. Natürlich schrickt er sofort wieder hoch.
Das heiße Wachs der Kerze ist ihm über die Finger gelaufen. Thomas möchte
aufschreien. Aber der Meister blitzt ihn mahnend an; denn Bach übersieht nichts,
was in seinem Chor passiert.

23–25

Heute Morgen ist der Thomaskantor gar nicht recht zufrieden mit seinen Sängerknaben. Ganz streng blickt er in die Runde. Jetzt kommen ja zu dem einen Engel noch die ganzen *himmlischen Heerscharen* dazu und sie loben Gott: »*Ehre sei Gott in der Höhe und Friede auf Erden!*« Da muss der Chor viel durcheinander singen, schnell und laut. Die Sechzehntelnoten purzeln nur so heraus vor lauter jauchzender Frohbotschaft.

Jetzt schläft keiner mehr. Aber Thomas sieht, wie die Zornesfalte auf Bachs Stirn immer tiefer wird. Der Kantor fuchtelt mit den Armen: höher der Sopran, tiefer der Alt! Der Finger droht dem Tenor: schneller die Koloraturen! Und als der Bass einen Einsatz verpasst, stampft der Meister sogar mit dem Fuße auf.

Gut, dass danach gleich der Schlusschoral kommt. Wieder die sanfte Melodie von *Vom Himmel hoch*. »Die Menschen freuen sich, *dass du, o lang gewünschter Gast, dich nunmehr eingestellet hast*,« singt der Chor. Und zwischen die Choralzeilen hat Bach die Engels- und die Hirtenmusik aus der *Sinfonia* gesetzt. Himmel und Erde haben zusammengefunden in dieser Nacht in Bethlehem und an diesem Morgen in Leipzig.

Thomas kratzt sich das Wachs von den Fingern, als der Gottesdienst nach drei Stunden endlich zu Ende ist. »Es war so schön!«, sagt er.

»Na, da ist unser Meister aber anderer Meinung«, sagt Christian. »Wir haben gleich noch mal eine Probe, damit es heut Nachmittag in Sankt Nicolai besser geht mit den Fugen. Willst du mitkommen?« Natürlich will Thomas.

»Gut, dann warte vor der Schule. Ich frag den alten Bach.«

Und so steht denn der kleine Thomas Trost am zweiten Weihnachtstag 1734 vor der Tür, durch die er schon lange einmal gehen wollte. Sie ist ein bisschen so etwas wie eine Himmelspforte für ihn. Aber wird man ihm diese Pforte öffnen?

Vor zwei Jahren ist die Schule neu gebaut worden. Thomas weiß: Die Tür gleich neben ihm führt zur Wohnung des Rektors.

Und weiter links von ihm, das ist der Eingang zur Kantorenwohnung. Da wohnt Johann
Sebastian Bach mit seiner Frau Anna Magdalena und den Kindern und den vielen herrlichen
Instrumenten. Im mittleren Stockwerk, da sind die Klassenzimmer, der Speiseraum, der
Musiksaal und ganz oben unterm Dach die ungeheizten Schlafkammern der Schüler.
Thomas muss lang in der Kälte warten, und seine Hoffnung erfriert allmählich. Aber dann
geht die Tür doch noch auf. Christian holt ihn rein und führt ihn in den Speiseraum.
Thomas darf mitessen. Danach steigen sie hinauf in den Musiksaal, und der Kerzenjunge
sitzt wie ein Mäuschen in der Ecke und erlebt, wie die Thomaner proben: ernst, streng, hart.
Aber Thomas versteht: Nur so entsteht diese himmlische Musik.

Thomas ist nicht nach Hause gegangen. Das Essen und die Probe haben ihm warm gemacht.
Er ist gleich weiter nach Sankt Nicolai, wo der zweite Teil nun noch mal aufgeführt wird.
Er muss stehen, weil die Kirche voll ist und viele einen festen Platz haben, auf dem nur sie
sitzen dürfen. Seine Beine tun ihm weh, aber er merkt es nicht. Er ist mal Hirte, mal Engel.
Es singt in ihm, und er summt leise mit. Er wird auch diese Nacht immer wieder aufwachen,
weil er sich schon so auf den Eingangschor zum dritten Teil freut, den die Thomaner vorhin
noch mal geprobt haben.

Am dritten Weihnachtstag schläft keiner auf der Empore von Sankt Nicolai. Das gestrige Donnerwetter des Kantors hat gewirkt. Mit einem Jubelchor preisen Sänger und Bläser den Himmel, dass er Gottes Sohn auf die Erde geschickt hat, um die Menschen zu erlösen: »Herrscher des Himmels, erhöre das Lallen, lass dir die matten Gesänge gefallen!«

Thomas findet, dass der Meister Bach da ganz schön untertreibt. Das sind doch keine matten Gesänge! Das ist die prächtigste Musik, die man sich vorstellen kann. Und Lallen ist das auch nicht. Thomas ist voller Bewunderung, wie die Thomaner so was Schwieriges in ein paar Wochen überhaupt lernen können. Aber Christian hat ihm gestern beim Essen erklärt: »Erstens üben wir ja jeden Tag, die ganze Woche. Und zweitens haben wir die meisten Stücke schon gekannt, weil Bach für sein Weihnachtsoratorium alte Arien und Chöre nur ein bisschen bearbeitet und mit einem neuen Text versehen hat.«

Nach dem Eingangschor wird die Geschichte weitererzählt. Die Engel sind wieder in den Himmel geflogen, und die Hirten fragen sich nun, was sie machen sollen. Ist das denn alles zu glauben oder haben sie nur geträumt? Eine leuchtende Engelsschar hier bei ihnen auf dem Feld? Und Gottes Sohn soll in einem Stall geboren sein? Schließlich sagen sie sich: »*Lasset uns nun gehen nach Bethlehem und schauen, was da passiert ist!*«

34–35

Und während die Hirten so durch die Nacht stapfen, denken sie,
was der Bass singt: »Was für ein Trost und Glück, wenn Gott wirklich
auf die Erde gekommen ist. Und wir haben als Erste davon erfahren,
nicht die reichen Fürsten und Könige, sondern wir, die kleinen,
armen Hirten.« Und sie singen im Chor: *»Des freu sich alle Christenheit,
und dank ihm das in Ewigkeit!«*
Und nun kommen Bass und Sopran mit einem Duett: *»Herr, dein Mitleid,
dein Erbarmen tröstet uns und macht uns frei.«* Und Thomas weiß, ganz gleich,
was die Hirten glauben, für mich ist der Himmel auf jeden Fall erschienen,
hier in dieser Musik.

𝄞 36–38

Die Hirten aber eilten weiter und fanden beide, Maria und Josef, dazu
das Kind in der Krippe liegen. Sie gaben ihm ihre Geschenke, die sie
mitgebracht hatten und dann liefen sie hinaus in die Stadt und erzählten
allen, was sie erlebt hatten. Die Leute wunderten sich. Aber sie sahen den
Stern über dem Stall und die leuchtenden Gesichter der Hirten und
liefen auch hin, um sich das Kind anzuschauen. Und dann erzählten sie
es selbst wieder weiter und weiter. *Maria aber behielt alle diese Worte
und bewegte sie in ihrem Herzen.*

39–40

Die Thomaner singen noch einen Choral und noch einen.
Und dann noch mal den prächtigen Anfangschor: *Herrscher des Himmels, erhöre das Lallen.* Thomas kann sich nicht mehr zurückhalten. Er singt einfach mit. Er macht natürlich Fehler, und manches klingt bei ihm wirklich wie ein Lallen. Aber das ist ihm egal, solange er nur ein Teil dieser herrlichen Musik sein darf.
Dann stürmen die Thomaner von der Empore. Heute haben sie frei, denn es gibt keinen Nachmittagsgottesdienst.
Als Thomas – glücklich und traurig zugleich – gehen will, hält ihn Bach am Arm fest. »Du hast mitgesungen!«, sagt er streng. Thomas erschrickt und entschuldigt sich.
»Ich wollte nicht, aber ich musste.«
»Soso«, sagt der Thomaskantor. »Hast nicht viel auf den Knochen.« Er hält Thomas noch immer am Arm fest.
»Hab fünf Geschwister. Da wird man nicht oft satt«, sagt Thomas.
»Du hast einen schönen Sopran«, sagt der Meister.
»Wie wär's, wenn du zu uns in die Thomasschule kommst? Dann kannst du dich jeden Tag satt singen.«

𝄞 41–43